Mein Diät- und Fitnesstagebuch

love your BODY

Le misure del mio corpo

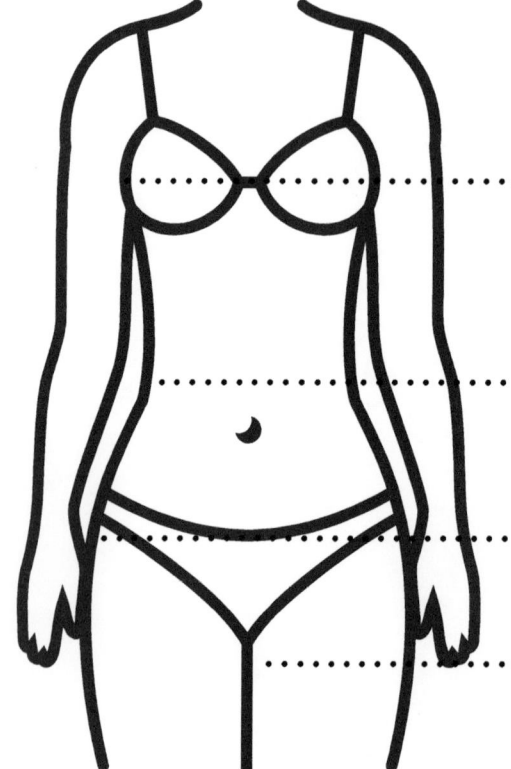

BMI

Poitrine

Taillle

Ventre

Cuisse

Poids aigu

KFA - Körperfettanteil

Mon but

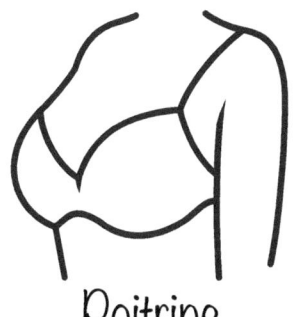

Poitrine

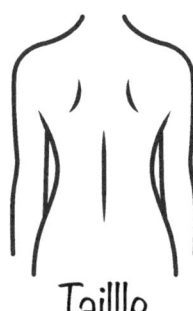

Taillle

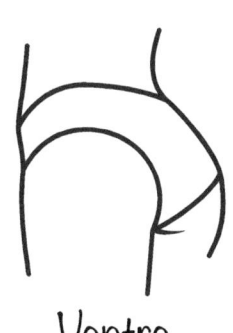

Ventre

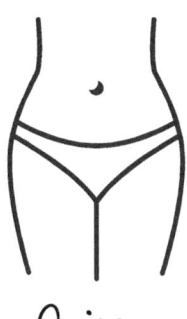

Cuisse

BMI

Poids

Körperfettanteil

Jour de régime:

date
....../........./.............

Petit déjeuner

....
....
....
....
                              CALORIE

Snacks

....
....
....
....
                              CALORIE

Déjeuner

....
....
....
....
                              CALORIE

Dîner

....
....
....
....
                              CALORIE

Activité / Fitness

....
....
....
....
                       DURÉE   CALORIE

Déjà soül?

1 BOUTEILLE = 0,5L EAU (RECOMMANDÉ 1,5 - 2 L PAR JOUR)

Équilibre calorique

CALORIE TOTAL ....   DÉFICIT ☺

CALORIE CIBLE : ....   EXCÈS ☹

Notes du jour

Temps:

○ ○ ○ ○ ○

Mon sommeil:

DURÉE .... HEURES

SE RÉVEILLA .... FOIS

Poids:

.... KG

Échelle de satisfaction:

0 10 20 30 40 50 60 70 80 90 100

État de santé

○ ○ ○ ○

NOTES ....

....

....

État émotionnel:

○ ○ ○ ○

NOTES ....

....

....

Expériences positives
Succès

NOTES ....

....

....

....

....

Expériences négatives
Pas en arrière

NOTES ....

....

....

....

....

Notes, Learnings, Objectifs et Améliorations:

....

....

....

....

Jour de régime:

date
......./ ..../ ....

Petit déjeuner

· ·
· ·
· ·
· ·
CALORIE

Snacks

· ·
· ·
· ·
· ·
CALORIE

Déjeuner

· ·
· ·
· ·
· ·
CALORIE

Dîner

· ·
· ·
· ·
· ·
CALORIE

Activité / Fitness

· ·
· ·
· ·
· ·

DURÉE   CALORIE

Déjà saoul?

I BOUTEILLE = 0,5L EAU (RECOMMANDÉ 1,5 - 2 L PAR JOUR)

Équilibre calorique

CALORIE TOTAL ....   DÉFICIT ☺

CALORIE CIBLE : ....   EXCÈS ☹

Notes du jour

Temps:

Mon sommeil:

DURÉE .... HEURES

SE RÉVEILLA .... FOIS

Poids:

.... KG

Échelle de satisfaction:

0 10 20 30 40 50 60 70 80 90 100

État de santé

État émotionnel:

NOTES ···

··

··

Expériences positives
Succès

NOTES ···

··

··

··

··

Expériences négatives
Pas en arrière

NOTES ···

··

··

··

··

Notes, Learnings, Objectifs et Améliorations:

···

···

···

···

Jour de régime:

date
....../ ..../ ....

Petit déjeuner

. . . .

. . . .

. . . .

. . . .
CALORIE

Snacks

. . . .

. . . .

. . . .

. . . .
CALORIE

Déjeuner

. . . .

. . . .

. . . .

. . . .
CALORIE

Dîner

. . . .

. . . .

. . . .

. . . .
CALORIE

Activité / fitness

. . . .

. . . .

. . . .

. . . .
DURÉE   CALORIE

Déjà saoul?

1 BOUTEILLE = 0,5L EAU (RECOMMANDÉ 1,5 - 2 L PAR JOUR)

Équilibre calorique

CALORIE TOTAL ....   DÉFICIT ☺

CALORIE CIBLE : ....   EXCÈS ☹

Notes du jour

Temps:

○ ○ ○ ○ ○

Mon sommeil:

DURÉE .... HEURES

SE RÉVEILLA .... FOIS

Poids:

.... KG

Échelle de satisfaction:

0 10 20 30 40 50 60 70 80 90 100

État de santé

○ ○ ○ ○

NOTES ....

....

....

État émotionnel:

○ ○ ○ ○

NOTES ....

....

....

Expériences positives
Succès

NOTES ....

....

....

....

....

Expériences négatives
Pas en arrière

NOTES ....

....

....

....

....

Notes, Learnings, Objectifs et Améliorations:

....

....

....

....

Jour de régime:

date
......../........../............

Petit déjeuner

· ·
· ·
· ·
· ·
CALORIE

Snacks

· ·
· ·
· ·
· ·
CALORIE

Déjeuner

· ·
· ·
· ·
· ·
CALORIE

Dîner

· ·
· ·
· ·
· ·
CALORIE

Activité / Fitness

· ·
· ·
· ·
· ·
DURÉE   CALORIE

Déjà saoul?

1 BOUTEILLE = 0,5L EAU (RECOMMANDÉ 1,5 - 2 L PAR JOUR)

Équilibre calorique

CALORIE TOTAL ....   DÉFICIT ☺

CALORIE CIBLE : ....   EXCÈS ☹

Notes du jour

Temps:

Mon sommeil:

DURÉE .... HEURES

SE RÉVEILLA .... FOIS

Poids:

.... KG

Échelle de satisfaction:

0   10   20   30   40   50   60   70   80   90   100

État de santé

État émotionnel:

NOTES ....

....

....

NOTES ....

....

....

Expériences positives
Succès

NOTES ....

....

....

....

....

Expériences négatives
Pas en arrière

NOTES ....

....

....

....

....

Notes, Learnings, Objectifs et Améliorations:

....

....

....

....

Jour de régime:

date
....../ ....../ ....

Petit déjeuner

. . . .
. . . .
. . . .
. . . .
CALORIE

Snacks

. . . .
. . . .
. . . .
. . . .
CALORIE

Déjeuner

. . . .
. . . .
. . . .
. . . .
CALORIE

Dîner

. . . .
. . . .
. . . .
. . . .
CALORIE

Activité / Fitness

. . . .
. . . .
. . . .
. . . .
DURÉE   CALORIE

Déjà saoul?

I BOUTEILLE = 0,5L EAU (RECOMMANDÉ 1,5 - 2 L PAR JOUR)

Équilibre calorique

CALORIE TOTAL ....   DÉFICIT 🙂

CALORIE CIBLE : ....   EXCÈS 🙁

Notes du jour

Temps:

○   ○   ○   ○   ○

Mon sommeil:

DURÉE .... HEURES

SE RÉVEILLA .... FOIS

Poids:

.... KG

Échelle de satisfaction:

0   10   20   30   40   50   60   70   80   90   100

État de santé

○   ○   ○   ○

État émotionnel:

○   ○   ○   ○

NOTES ....

....

....

NOTES ....

....

....

Expériences positives
Succès

NOTES ....

....

....

....

....

Expériences négatives
Pas en arrière

NOTES ....

....

....

....

....

Notes, Learnings, Objectifs et Améliorations:

....

....

....

....

Jour de régime : ....

date
....../ ....../ ....

Petit déjeuner

· ·
· ·
· ·
· ·
CALORIE

Snacks

· ·
· ·
· ·
· ·
CALORIE

Déjeuner

· ·
· ·
· ·
· ·
CALORIE

Dîner

· ·
· ·
· ·
· ·
CALORIE

Activité / Fitness

· ·
· ·
· ·
· ·
DURÉE   CALORIE

Déjà saoul ?

1 BOUTEILLE = 0,5L EAU (RECOMMANDÉ 1,5 - 2 L PAR JOUR)

Équilibre calorique

CALORIE TOTAL ....   DÉFICIT ☺

CALORIE CIBLE : ....   EXCÈS ☹

Notes du jour

Temps:

○ ○ ○ ○ ○

Mon sommeil:

DURÉE .... HEURES

SE RÉVEILLA .... FOIS

Poids:

.... KG

Échelle de satisfaction:

0 10 20 30 40 50 60 70 80 90 100

État de santé

○ ○ ○ ○

NOTES ·

· ·

· ·

État émotionnel:

○ ○ ○ ○

NOTES ·

· ·

· ·

Expériences positives
Succès

NOTES ·

· ·

· ·

· ·

· ·

Expériences négatives
Pas en arrière

NOTES ·

· ·

· ·

· ·

· ·

Notes, Learnings, Objectifs et Améliorations:

....

....

....

....

Jour de régime: ⬤ ......

date ..../........./...........

Petit déjeuner

· ·

· ·

· ·

· ·

CALORIE

Snacks

· ·

· ·

· ·

· ·

CALORIE

Déjeuner

· ·

· ·

· ·

· ·

CALORIE

Dîner

· ·

· ·

· ·

· ·

CALORIE

Activité / Fitness

· ·

· ·

· ·

· ·

DURÉE   *CALORIE*

Déjà saoul?

1 BOUTEILLE = 0,5L EAU (RECOMMANDÉ 1,5 - 2 L PAR JOUR)

Équilibre calorique

CALORIE TOTAL ....   DÉFICIT ☺

CALORIE CIBLE : ....   EXCÈS ☹

Notes du jour

Temps:

Mon sommeil:

DURÉE .... HEURES

SE RÉVEILLA .... FOIS

Poids:

.... KG

Échelle de satisfaction:

0 10 20 30 40 50 60 70 80 90 100

État de santé

État émotionnel:

NOTES ....

....

....

NOTES ....

....

....

Expériences positives
Succès

Expériences négatives
Pas en arrière

NOTES ....

....

....

....

....

NOTES ....

....

....

....

....

Notes, Learnings, Objectifs et Améliorations:

....

....

....

....

Jour de régime:

date

....../ ..../ ....

Petit déjeuner

· ·

· ·

· ·

· ·

CALORIE

Snacks

· ·

· ·

· ·

· ·

CALORIE

Déjeuner

· ·

· ·

· ·

· ·

CALORIE

Dîner

· ·

· ·

· ·

· ·

CALORIE

Activité / Fitness

· ·

· ·

· ·

· ·

DURÉE   CALORIE

Déjà saoul?

1 BOUTEILLE = 0,5L EAU (RECOMMANDÉ 1,5 - 2 L PAR JOUR)

Équilibre calorique

CALORIE TOTAL ....   DÉFICIT ☺

CALORIE CIBLE : ....   EXCÈS ☹

Notes du jour

Temps:

○   ○   ○   ○   ○

Mon sommeil:

DURÉE .... HEURES

SE RÉVEILLA .... FOIS

Poids:

.... KG

Échelle de satisfaction:

0   10   20   30   40   50   60   70   80   90   100

État de santé

○   ○   ○   ○

NOTES ···

···

···

État émotionnel:

○   ○   ○   ○

NOTES ···

···

···

Expériences positives
Succès

NOTES ···

···

···

···

···

Expériences négatives
Pas en arrière

NOTES ···

···

···

···

Notes, Learnings, Objectifs et Améliorations:

··

··

··

··

Jour de régime:

date
......./ ..../ ....

Petit déjeuner

. . . .

. . . .

. . . .

. . . .
CALORIE

Snacks

. . . .

. . . .

. . . .

. . . .
CALORIE

Déjeuner

. . . .

. . . .

. . . .

. . . .
CALORIE

Dîner

. . . .

. . . .

. . . .

. . . .
CALORIE

Activité / Fitness

. . . .

. . . .

. . . .

. . . .
DURÉE   CALORIE

Déjà soaul?

1 BOUTEILLE = 0,5L EAU (RECOMMANDÉ 1,5 - 2 L PAR JOUR)

Équilibre calorique

CALORIE TOTAL ....

CALORIE CIBLE : ....

DÉFICIT ☺

EXCÈS ☹

Notes du jour

Temps:

Mon sommeil:

DURÉE .... HEURES

SE RÉVEILLA .... FOIS

Poids:

.... KG

Échelle de satisfaction:

0   10   20   30   40   50   60   70   80   90   100

État de santé

État émotionnel:

NOTES . . . .

. . . .

. . . .

NOTES . . . .

. . . .

. . . .

Expériences positives Succès

NOTES . . . .

. . . .

. . . .

. . . .

. . . .

Expériences négatives Pas en arrière

NOTES . . . .

. . . .

. . . .

. . . .

. . . .

Notes, Learnings, Objectifs et Améliorations:

....

....

....

....

Jour de régime: ....

date
....../ ..../ ....

Petit déjeuner

· ·
· ·
· ·
· CALORIE

Snacks

· ·
· ·
· ·
· CALORIE

Déjeuner

· ·
· ·
· ·
· CALORIE

Dîner

· ·
· ·
· ·
· CALORIE

Activité / Fitness

· ·
· ·
· ·
· ·

DURÉE   CALORIE

Déjà saoul?

I BOUTEILLE = 0,5L EAU (RECOMMANDÉ 1,5 - 2 L PAR JOUR)

Équilibre calorique

CALORIE TOTAL ....   DÉFICIT ☺

CALORIE CIBLE : ....   EXCÈS ☹

Notes du jour

Temps:

Mon sommeil:

DURÉE .... HEURES

SE RÉVEILLA .... FOIS

Poids:

.... KG

Échelle de satisfaction:

0   10   20   30   40   50   60   70   80   90   100

État de santé

État émotionnel:

NOTES . . . .

. . . .

. . . .

NOTES . . . .

. . . .

. . . .

Expériences positives
Succès

Expériences négatives
Pas en arrière

NOTES . . . .

. . . .

. . . .

. . . .

. . . .

NOTES . . . .

. . . .

. . . .

. . . .

. . . .

Notes, Learnings, Objectifs et Améliorations:

....

....

....

....

Jour de régime:

date
....../ ..../ ....

Petit déjeuner

· ·

· ·

· ·

· ·
CALORIE

Snacks

· ·

· ·

· ·

· ·
CALORIE

Déjeuner

· ·

· ·

· ·

· ·
CALORIE

Dîner

· ·

· ·

· ·

· ·
CALORIE

Activité / Fitness

· ·

· ·

· ·

· ·
DURÉE   CALORIE

Déjà saoul?

I BOUTEILLE = 0,5L EAU (RECOMMANDÉ 1,5 - 2 L PAR JOUR)

Équilibre calorique

CALORIE TOTAL ....   DÉFICIT ☺

CALORIE CIBLE : ....   EXCÈS ☹

Notes du jour

Temps:

○   ○   ○   ○   ○

Mon sommeil:

DURÉE .... HEURES

SE RÉVEILLA .... FOIS

Poids:

.... KG

Échelle de satisfaction:

0   10   20   30   40   50   60   70   80   90   100

État de santé

○   ○   ○   ○

État émotionnel:

○   ○   ○   ○

NOTES ....

....

....

NOTES ....

....

....

Expériences positives
Succès

NOTES ....

....

....

....

....

Expériences négatives
Pas en arrière

NOTES ....

....

....

....

....

Notes, Learnings, Objectifs et Améliorations:

....

....

....

....

Jour de régime:

date
......./ ..../ ....

Petit déjeuner

· ·
· ·
· ·
· ·
CALORIE

Snacks

· ·
· ·
· ·
· ·
CALORIE

Déjeuner

· ·
· ·
· ·
· ·
CALORIE

Dîner

· ·
· ·
· ·
· ·
CALORIE

Activité / fitness

·   · · · · · · · · · · · · · ·
·   · · · · · · · · · · · · · ·
·   · · · · · · · · · · · · · ·
·   · · · · · · · · · · · · · ·
DURÉE   CALORIE

Déjà saoul?

1 BOUTEILLE = 0,5L EAU (RECOMMANDÉ 1,5 - 2 L PAR JOUR)

Équilibre calorique

CALORIE TOTAL ....   DÉFICIT ☺

CALORIE CIBLE : ....   EXCÈS ☹

Notes du jour

Temps:

Mon sommeil:

DURÉE .... HEURES

SE RÉVEILLA .... FOIS

Poids:

.... KG

Échelle de satisfaction:

0   10   20   30   40   50   60   70   80   90   100

État de santé

État émotionnel:

NOTES ....

....

....

Expériences positives
Succès

NOTES ....

....

....

....

....

Expériences négatives
Pas en arrière

NOTES ....

....

....

....

....

Notes, Learnings, Objectifs et Améliorations:

....

....

....

....

Jour de régime :

date
....../ ..../ ....

Petit déjeuner

. . . .

. . . .

. . . .

. . . .

CALORIE

Snacks

. . . .

. . . .

. . . .

. . . .

CALORIE

Déjeuner

. . . .

. . . .

. . . .

. . . .

CALORIE

Dîner

. . . .

. . . .

. . . .

. . . .

CALORIE

Activité / Fitness

. . . .

. . . .

. . . .

. . . .

DURÉE

CALORIE

Déjà saoul?

1 BOUTEILLE = 0,5L EAU (RECOMMANDÉ 1,5 - 2 L PAR JOUR)

Équilibre calorique

CALORIE TOTAL ....

CALORIE CIBLE : ....

DÉFICIT ☺

EXCÈS ☹

Notes du jour

Temps:

Mon sommeil:

DURÉE .... HEURES

SE RÉVEILLA .... FOIS

Poids:

.... KG

Échelle de satisfaction:

0   10   20   30   40   50   60   70   80   90   100

État de santé

État émotionnel:

NOTES ....

....

....

NOTES ....

....

....

Expériences positives Succès

NOTES ....

....

....

....

....

Expériences négatives Pas en arrière

NOTES ....

....

....

....

....

Notes, Learnings, Objectifs et Améliorations:

....

....

....

....

Jour de régime:

date
......./ ..../ ....

Petit déjeuner

....
....
....
....
                                    CALORIE

Snacks

....
....
....
....
                                    CALORIE

Déjeuner

....
....
....
....
                                    CALORIE

Dîner

....
....
....
....
                                    CALORIE

Activité / Fitness

....
....
....
....
                              DURÉE   CALORIE

Déjà saoul?

1 BOUTEILLE = 0,5L EAU (RECOMMANDÉ 1,5 - 2 L PAR JOUR)

Équilibre calorique

CALORIE TOTAL ....

CALORIE CIBLE : ....

DÉFICIT ☺

EXCÈS ☹

Notes du jour

Temps:

Mon sommeil:

DURÉE .... HEURES

SE RÉVEILLA .... FOIS

Poids:

.... KG

Échelle de satisfaction:

0   10   20   30   40   50   60   70   80   90   100

État de santé

État émotionnel:

NOTES ·

· ·

· ·

NOTES ·

· ·

· ·

Expériences positives
Succès

Expériences négatives
Pas en arrière

NOTES ·

NOTES ·

Notes, Learnings, Objectifs et Améliorations:

Jour de régime: ....

date
....../ ....../ ....

Petit déjeuner

. . . .

. . . .

. . . .

. . . .
CALORIE

Snacks

. . . .

. . . .

. . . .

. . . .
CALORIE

Déjeuner

. . . .

. . . .

. . . .

. . . .
CALORIE

Dîner

. . . .

. . . .

. . . .

. . . .
CALORIE

Activité / Fitness

. . . .

. . . .

. . . .

. . . .
DURÉE   CALORIE

Déjà soul?

1 BOUTEILLE = 0,5L EAU (RECOMMANDÉ 1,5 - 2 L PAR JOUR)

Équilibre calorique

CALORIE TOTAL ....   DÉFICIT ☺

CALORIE CIBLE : ....   EXCÈS ☹

Notes du jour

Temps:

Mon sommeil:

DURÉE .... HEURES

SE RÉVEILLA .... FOIS

Poids:

.... KG

Échelle de satisfaction:

0   10   20   30   40   50   60   70   80   90   100

État de santé

État émotionnel:

NOTES . . . .

. . . .

. . . .

NOTES . . . .

. . . .

. . . .

Expériences positives Succès

NOTES . . . .

. . . .

. . . .

. . . .

. . . .

Expériences négatives Pas en arrière

NOTES . . . .

. . . .

. . . .

. . . .

. . . .

Notes, Learnings, Objectifs et Améliorations:

. . . .

. . . .

. . . .

. . . .

Jour de régime:

date
......./ ..../ ....

Petit déjeuner

· ·
· ·
· ·
· ·
CALORIE

Snacks

· ·
· ·
· ·
· ·
CALORIE

Déjeuner

· ·
· ·
· ·
· ·
CALORIE

Dîner

· ·
· ·
· ·
· ·
CALORIE

Activité / Fitness

· ·
· ·
· ·
· ·
DURÉE   CALORIE

Déjà saoul?

! BOUTEILLE = 0,5L EAU (RECOMMANDÉ 1,5 - 2 L PAR JOUR)

Équilibre calorique

CALORIE TOTAL ....   DÉFICIT ☺

CALORIE CIBLE : ....   EXCÈS ☹

Notes du jour

Temps:

Mon sommeil:

DURÉE .... HEURES

SE RÉVEILLA .... FOIS

Poids:

.... KG

Échelle de satisfaction:

0   10   20   30   40   50   60   70   80   90   100

État de santé

État émotionnel:

NOTES . . . .

. . . .

. . . .

NOTES . . . .

. . . .

. . . .

Expériences positives Succès

Expériences négatives Pas en arrière

NOTES . . . .

. . . .

. . . .

. . . .

. . . .

NOTES . . . .

. . . .

. . . .

. . . .

. . . .

Notes, Learnings, Objectifs et Améliorations:

. . . .

. . . .

. . . .

. . . .

Jour de régime:

date
......./ ..../ ....

Petit déjeuner

· ·
· ·
· ·
· ·
CALORIE

Snacks

· ·
· ·
· ·
· ·
CALORIE

Déjeuner

· ·
· ·
· ·
· ·
CALORIE

Dîner

· ·
· ·
· ·
· ·
CALORIE

Activité / fitness

· ·
· ·
· ·
· ·
DURÉE   CALORIE

Déjà saoul?

1 BOUTEILLE = 0,5L EAU (RECOMMANDÉ 1,5 - 2 L PAR JOUR)

Équilibre calorique

CALORIE TOTAL ....   DÉFICIT ☺

CALORIE CIBLE : ....   EXCÈS ☹

Notes du jour

Temps:

○   ○   ○   ○   ○

Mon sommeil:

DURÉE .... HEURES

SE RÉVEILLA .... FOIS

Poids:

.... KG

Échelle de satisfaction:

0   10   20   30   40   50   60   70   80   90   100

État de santé

○   ○   ○   ○

NOTES ....

....

....

État émotionnel:

○   ○   ○   ○

NOTES ....

....

....

Expériences positives
Succès

NOTES ....

....

....

....

....

Expériences négatives
Pas en arrière

NOTES ....

....

....

....

....

Notes, Learnings, Objectifs et Améliorations:

....

....

....

....

Jour de régime:

date
....../ ..../ ....

Petit déjeuner

. . . .

. . . .

. . . .

. . . .
CALORIE

Snacks

. . . .

. . . .

. . . .

. . . .
CALORIE

Déjeuner

. . . .

. . . .

. . . .

. . . .
CALORIE

Dîner

. . . .

. . . .

. . . .

. . . .
CALORIE

Activité / Fitness

. . . .

. . . .

. . . .

. . . .

DURÉE   CALORIE

Déjà saoul?

1 BOUTEILLE = 0,5L EAU (RECOMMANDÉ 1,5 - 2 L PAR JOUR)

Équilibre calorique

CALORIE TOTAL ....   DÉFICIT ☺

CALORIE CIBLE : ....   EXCÈS ☹

Notes du jour

Temps:

○   ○   ○   ○   ○

Mon sommeil:

DURÉE .... HEURES

SE RÉVEILLA .... FOIS

Poids:

.... KG

Échelle de satisfaction:

0   10   20   30   40   50   60   70   80   90   100

├──┼──┼──┼──┼──┼──┼──┼──┼──┼──┤

État de santé

☺ ○   ☺ ○   😐 ○   ☹ ○

État émotionnel:

☺ ○   ☺ ○   😐 ○   ☹ ○

NOTES ....

....

....

NOTES ....

....

....

Expériences positives
Succès

NOTES ....

....

....

....

....

Expériences négatives
Pas en arrière

NOTES ....

....

....

....

....

Notes, Learnings, Objectifs et Améliorations:

....

....

....

....

Jour de régime:

......

date

....../ ..../ ....

Petit déjeuner

. . . .

. . . .

. . . .

. . . .
CALORIE

Snacks

. . . .

. . . .

. . . .

. . . .
CALORIE

Déjeuner

. . . .

. . . .

. . . .

. . . .
CALORIE

Dîner

. . . .

. . . .

. . . .

. . . .
CALORIE

Activité / fitness

. . . .

. . . .

. . . .

. . . .
DURÉE   CALORIE

Déjà saoul?

1 BOUTEILLE = 0,5L EAU (RECOMMANDÉ 1,5 - 2 L PAR JOUR)

Équilibre calorique

CALORIE TOTAL ....

CALORIE CIBLE : ....

DÉFICIT ☺

EXCÈS ☹

Notes du jour

Temps:

Mon sommeil:

DURÉE .... HEURES

SE RÉVEILLA .... FOIS

Poids:

.... KG

Échelle de satisfaction:

0   10   20   30   40   50   60   70   80   90   100

État de santé

État émotionnel:

NOTES . . . .

. . . .

. . . .

NOTES . . . .

. . . .

. . . .

Expériences positives
Succès

Expériences négatives
Pas en arrière

NOTES . . . .

. . . .

. . . .

. . . .

. . . .

NOTES . . . .

. . . .

. . . .

. . . .

. . . .

Notes, Learnings, Objectifs et Améliorations:

. . . .

. . . .

. . . .

. . . .

Jour de régime:
date
......../........./..............

Petit déjeuner
. . . .
. . . .
. . . .
. . . .
CALORIE

Snacks
. . . .
. . . .
. . . .
. . . .
CALORIE

Déjeuner
. . . .
. . . .
. . . .
. . . .
CALORIE

Dîner
. . . .
. . . .
. . . .
. . . .
CALORIE

Activité / Fitness
. . . .
. . . .
. . . .
. . . .
DURÉE   CALORIE

Déjà saoul?
1 BOUTEILLE = 0,5L EAU (RECOMMANDÉ 1,5 - 2 L PAR JOUR)

Équilibre calorique
CALORIE TOTAL ....   DÉFICIT ☺

CALORIE CIBLE : ....   EXCÈS ☹

Notes du jour

Temps:

Mon sommeil:

DURÉE .... HEURES

SE RÉVEILLA .... FOIS

Poids:

.... KG

Échelle de satisfaction:

0   10   20   30   40   50   60   70   80   90   100

État de santé

État émotionnel:

NOTES . . . .

. . . .

. . . .

NOTES . . . .

. . . .

. . . .

Expériences positives
Succès

Expériences négatives
Pas en arrière

NOTES . . . .

. . . .

. . . .

. . . .

. . . .

NOTES . . . .

. . . .

. . . .

. . . .

. . . .

Notes, Learnings, Objectifs et Améliorations:

....

....

....

....

Jour de régime :

...../ ..../ ....
date

Petit déjeuner

. . . .

. . . .

. . . .

. . . .

CALORIE

Snacks

. . . .

. . . .

. . . .

. . . .

CALORIE

Déjeuner

. . . .

. . . .

. . . .

. . . .

CALORIE

Dîner

. . . .

. . . .

. . . .

. . . .

CALORIE

Activité / Fitness

. . . .

. . . .

. . . .

. . . .

DURÉE   CALORIE

Déjà saoul?

1 BOUTEILLE = 0,5L EAU (RECOMMANDÉ 1,5 - 2 L PAR JOUR)

Équilibre calorique

CALORIE TOTAL ....

DÉFICIT ☺

CALORIE CIBLE : ....

EXCÈS ☹

Notes du jour

Temps:

Mon sommeil:

DURÉE .... HEURES

SE RÉVEILLA .... FOIS

Poids:

.... KG

Échelle de satisfaction:

0 10 20 30 40 50 60 70 80 90 100

État de santé

État émotionnel:

NOTES ....

....

....

NOTES ....

....

....

Expériences positives
Succès

NOTES ....

....

....

....

....

Expériences négatives
Pas en arrière

NOTES ....

....

....

....

....

Notes, Learnings, Objectifs et Améliorations:

....

....

....

....

Jour de régime :

date
....../ ..../ ....

Petit déjeuner

· ·
· ·
· ·
· ·
                                      CALORIE

Snacks

· ·
· ·
· ·
· ·
                                      CALORIE

Déjeuner

· ·
· ·
· ·
· ·
                                      CALORIE

Dîner

· ·
· ·
· ·
· ·
                                      CALORIE

Activité / Fitness

· ·
· ·
· ·
· ·
                        DURÉE   CALORIE

Déjà saoul?

1 BOUTEILLE = 0,5L EAU (RECOMMANDÉ 1,5 - 2 L PAR JOUR)

Équilibre calorique

CALORIE TOTAL ....

CALORIE CIBLE : ....

DÉFICIT :)

EXCÈS :(

Notes du jour

Temps:

Mon sommeil:

DURÉE .... HEURES

SE RÉVEILLA .... FOIS

Poids:

.... KG

Échelle de satisfaction:

0 10 20 30 40 50 60 70 80 90 100

État de santé

État émotionnel:

NOTES ·

· ·

· ·

NOTES ·

· ·

· ·

Expériences positives
Succès

NOTES ·

· ·

· ·

· ·

· ·

Expériences négatives
Pas en arrière

NOTES ·

· ·

· ·

· ·

· ·

Notes, Learnings, Objectifs et Améliorations:

....

....

....

....

Jour de régime: (........)

date
......./ ..../ ....

Petit déjeuner

. . . .
. . . .
. . . .
. . . .
CALORIE

Snacks

. . . .
. . . .
. . . .
. . . .
CALORIE

Déjeuner

. . . .
. . . .
. . . .
. . . .
CALORIE

Dîner

. . . .
. . . .
. . . .
. . . .
CALORIE

Activité / Fitness

. . . .
. . . .
. . . .
. . . .
                                     DURÉE   *CALORIE*

Déjà saoul?

I BOUTEILLE = 0,5L EAU (RECOMMANDÉ 1,5 - 2 L PAR JOUR)

Équilibre calorique

CALORIE TOTAL . . . .   DÉFICIT ☺

CALORIE CIBLE : . . . .   EXCÈS ☹

Notes du jour

Temps:

Mon sommeil:

DURÉE .... HEURES

SE RÉVEILLA .... FOIS

Poids:

.... KG

Échelle de satisfaction:

0 10 20 30 40 50 60 70 80 90 100

État de santé

État émotionnel:

NOTES ....

....

....

NOTES ....

....

....

Expériences positives
Succès

NOTES ....

....

....

....

....

Expériences négatives
Pas en arrière

NOTES ....

....

....

....

....

Notes, Learnings, Objectifs et Améliorations:

....

....

....

....

Jour de régime:

date
......./ ..../ ....

Petit déjeuner

. . . .

. . . .

. . . .

. . . .
CALORIE

Snacks

. . . .

. . . .

. . . .

. . . .
CALORIE

Déjeuner

. . . .

. . . .

. . . .

. . . .
CALORIE

Dîner

. . . .

. . . .

. . . .

. . . .
CALORIE

Activité / Fitness

. . . .

. . . .

. . . .

. . . .
DURÉE   CALORIE

Déjà saoul?

1 BOUTEILLE = 0,5L EAU (RECOMMANDÉ 1,5 - 2 L PAR JOUR)

Équilibre calorique

CALORIE TOTAL ....   DÉFICIT ☺

CALORIE CIBLE : ....   EXCÈS ☹

Notes du jour

Temps:

○   ○   ○   ○   ○

Mon sommeil:

DURÉE .... HEURES

SE RÉVEILLA .... FOIS

Poids:

.... KG

Échelle de satisfaction:

0   10   20   30   40   50   60   70   80   90   100

État de santé

○   ○   ○   ○

État émotionnel:

○   ○   ○   ○

NOTES ....

....

....

NOTES ....

....

....

Expériences positives Succès

NOTES ....

....

....

....

....

Expériences négatives Pas en arrière

NOTES ....

....

....

....

....

Notes, Learnings, Objectifs et Améliorations:

....

....

....

....

Jour de régime : ......

date
....../ ..../ ....

Petit déjeuner

. . . .
. . . .
. . . .
. . . .
CALORIE

Snacks

. . . .
. . . .
. . . .
. . . .
CALORIE

Déjeuner

. . . .
. . . .
. . . .
. . . .
CALORIE

Dîner

. . . .
. . . .
. . . .
. . . .
CALORIE

Activité / fitness

. . . .
. . . .
. . . .
. . . .
DURÉE   CALORIE

Déjà saoul?

1 BOUTEILLE = 0,5L EAU (RECOMMANDÉ 1,5 - 2 L PAR JOUR)

Équilibre calorique

CALORIE TOTAL ....

CALORIE CIBLE : ....

DÉFICIT ☺

EXCÈS ☹

Notes du jour

Temps:

Mon sommeil:

DURÉE .... HEURES

SE RÉVEILLA .... FOIS

Poids:

.... KG

Échelle de satisfaction:

0 10 20 30 40 50 60 70 80 90 100

État de santé

NOTES . . . .

. . . .

. . . .

État émotionnel:

NOTES . . . .

. . . .

. . . .

Expériences positives Succès

NOTES . . . .

. . . .

. . . .

. . . .

. . . .

Expériences négatives Pas en arrière

NOTES . . . .

. . . .

. . . .

. . . .

. . . .

Notes, Learnings, Objectifs et Améliorations:

....

....

....

....

Jour de régime : (........)

date
....../ ..../ ....

Petit déjeuner

....

....

....

....
CALORIE

Snacks

....

....

....

....
CALORIE

Déjeuner

....

....

....

....
CALORIE

Dîner

....

....

....

....
CALORIE

Activité / Fitness

....

....

....

....
DURÉE   CALORIE

Déjà saoul?

1 BOUTEILLE = 0,5L EAU (RECOMMANDÉ 1,5 - 2 L PAR JOUR)

Équilibre calorique

CALORIE TOTAL ....   DÉFICIT :)

CALORIE CIBLE : ....   EXCÈS :(

Notes du jour

Temps:

Mon sommeil:

DURÉE .... HEURES

SE RÉVEILLA .... FOIS

Poids:

.... KG

Échelle de satisfaction:

0   10   20   30   40   50   60   70   80   90   100

État de santé

État émotionnel:

NOTES ·

· ·

· ·

NOTES ·

· ·

· ·

Expériences positives
Succès

NOTES ·

· ·

· ·

· ·

· ·

Expériences négatives
Pas en arrière

NOTES ·

· ·

· ·

· ·

· ·

Notes, Learnings, Objectifs et Améliorations:

....

....

....

....

Jour de régime :

date

....../ ....../ ....

Petit déjeuner

· ·

· ·

· ·

· ·

CALORIE

Déjeuner

· ·

· ·

· ·

· ·

CALORIE

Snacks

· ·

· ·

· ·

· ·

CALORIE

Dîner

· ·

· ·

· ·

· ·

CALORIE

Activité / Fitness

·   · · · · · · · · · · · · · ·

·   · · · · · · · · · · · · · ·

·   · · · · · · · · · · · · · ·

·   · · · · · · · · · · · · · ·

DURÉE   CALORIE

Déjà soûl?

1 BOUTEILLE = 0,5L EAU (RECOMMANDÉ 1,5 - 2 L PAR JOUR)

Équilibre calorique

CALORIE TOTAL ....

DÉFICIT :)

CALORIE CIBLE : ....

EXCÈS :(

Notes du jour

Temps:

Mon sommeil:

DURÉE .... HEURES

SE RÉVEILLA .... FOIS

Poids:

.... KG

Échelle de satisfaction:

0 10 20 30 40 50 60 70 80 90 100

État de santé

État émotionnel:

NOTES . . . .

. . . .

. . . .

NOTES . . . .

. . . .

. . . .

Expériences positives Succès

Expériences négatives Pas en arrière

NOTES . . . .

. . . .

. . . .

. . . .

. . . .

NOTES . . . .

. . . .

. . . .

. . . .

. . . .

Notes, Learnings, Objectifs et Améliorations:

. . . .

. . . .

. . . .

. . . .

Jour de régime:

date
....../ ..../ ....

Petit déjeuner

· ·
· ·
· ·
· ·
CALORIE

Snacks

· ·
· ·
· ·
· ·
CALORIE

Déjeuner

· ·
· ·
· ·
· ·
CALORIE

Dîner

· ·
· ·
· ·
· ·
CALORIE

Activité / Fitness

· ·
· ·
· ·
· ·
DURÉE   CALORIE

Déjà saoul?

1 BOUTEILLE = 0,5L EAU (RECOMMANDÉ 1,5 - 2 L PAR JOUR)

Équilibre calorique

CALORIE TOTAL ....

CALORIE CIBLE : ....

DÉFICIT 🙂

EXCÈS 🙁

Notes du jour

Temps:

Mon sommeil:

DURÉE .... HEURES

SE RÉVEILLA .... FOIS

Poids:

.... KG

Échelle de satisfaction:

0   10   20   30   40   50   60   70   80   90   100

État de santé

État émotionnel:

NOTES ·

· ·

· ·

NOTES ·

· ·

· ·

Expériences positives Succès

Expériences négatives Pas en arrière

NOTES ·

· ·

· ·

· ·

· ·

NOTES ·

· ·

· ·

· ·

· ·

Notes, Learnings, Objectifs et Améliorations:

SLOW progress IS BETTER than no PROGRESS

Zwischenstand

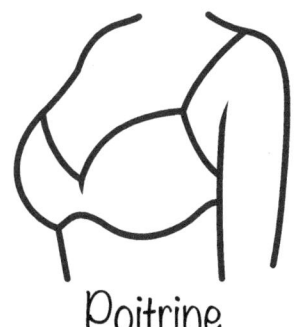

Poitrine

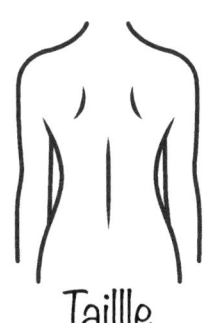

Taillle

Popo

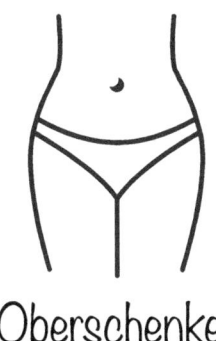

Oberschenkel

Zielgewicht

BMI

Körperfettanteil

Jour de régime:

date
....../ ..../ ....

Petit déjeuner

· ·
· ·
· ·
· ·
CALORIE

Snacks

· ·
· ·
· ·
· ·
CALORIE

Déjeuner

· ·
· ·
· ·
· ·
CALORIE

Dîner

· ·
· ·
· ·
· ·
CALORIE

Activité / Fitness

· ·
· ·
· ·
· ·
DURÉE   CALORIE

Déjà saoul?

1 BOUTEILLE = 0,5L EAU (RECOMMANDÉ 1,5 - 2 L PAR JOUR)

Équilibre calorique

CALORIE TOTAL ....   DÉFICIT ☺

CALORIE CIBLE : ....   EXCÈS ☹

Notes du jour

Temps:

Mon sommeil:

DURÉE .... HEURES

SE RÉVEILLA .... FOIS

Poids:

.... KG

Échelle de satisfaction:

0   10   20   30   40   50   60   70   80   90   100

État de santé

État émotionnel:

NOTES . . . .

. . . .

. . . .

NOTES . . . .

. . . .

. . . .

Expériences positives Succès

Expériences négatives Pas en arrière

NOTES . . . .

. . . .

. . . .

. . . .

. . . .

NOTES . . . .

. . . .

. . . .

. . . .

. . . .

Notes, Learnings, Objectifs et Améliorations:

....

....

....

....

Jour de régime:

date
....../ ..../ ....

Petit déjeuner

. . . .
. . . .
. . . .
. . . .
CALORIE

Snacks

. . . .
. . . .
. . . .
. . . .
CALORIE

Déjeuner

. . . .
. . . .
. . . .
. . . .
CALORIE

Dîner

. . . .
. . . .
. . . .
. . . .
CALORIE

Activité / fitness

. . . .
. . . .
. . . .
. . . .

DURÉE   CALORIE

Déjà saoul?

I BOUTEILLE = 0,5L EAU (RECOMMANDÉ 1,5 - 2 L PAR JOUR)

Équilibre calorique

CALORIE TOTAL ....   DÉFICIT ☺

CALORIE CIBLE : ....   EXCÈS ☹

Notes du jour

Temps:

Mon sommeil:

DURÉE .... HEURES

SE RÉVEILLA .... FOIS

Poids:

.... KG

Échelle de satisfaction:

0   10   20   30   40   50   60   70   80   90   100

État de santé

État émotionnel:

NOTES . . . .

. . . .

. . . .

NOTES . . . .

. . . .

. . . .

Expériences positives Succès

Expériences négatives Pas en arrière

NOTES . . . .

. . . .

. . . .

. . . .

. . . .

NOTES . . . .

. . . .

. . . .

. . . .

. . . .

Notes, Learnings, Objectifs et Améliorations:

. . . .

. . . .

. . . .

. . . .

Jour de régime:

date
....../ ..../ ....

Petit déjeuner

· ·
· ·
· ·
· ·
CALORIE

Snacks

· ·
· ·
· ·
· ·
CALORIE

Déjeuner

· ·
· ·
· ·
· ·
CALORIE

Dîner

· ·
· ·
· ·
· ·
CALORIE

Activité / Fitness

· ·
· ·
· ·
· ·
DURÉE   CALORIE

Déjà saoul?

1 BOUTEILLE = 0,5L EAU (RECOMMANDÉ 1,5 - 2 L PAR JOUR)

Équilibre calorique

CALORIE TOTAL ....   DÉFICIT ☺

CALORIE CIBLE : ....   EXCÈS ☹

Notes du jour

Temps:

Mon sommeil:

DURÉE .... HEURES

SE RÉVEILLA .... FOIS

Poids:

.... KG

Échelle de satisfaction:

0   10   20   30   40   50   60   70   80   90   100

État de santé

État émotionnel:

NOTES . . . .

. . . .

. . . .

NOTES . . . .

. . . .

. . . .

Expériences positives Succès

Expériences négatives Pas en arrière

NOTES . . . .

. . . .

. . . .

. . . .

. . . .

NOTES . . . .

. . . .

. . . .

. . . .

. . . .

Notes, Learnings, Objectifs et Améliorations:

. . . .

. . . .

. . . .

. . . .

Jour de régime:

date
......./ ..../ ....

Petit déjeuner

· ·
· ·
· ·
· ·

CALORIE

Snacks

· ·
· ·
· ·
· ·

CALORIE

Déjeuner

· ·
· ·
· ·
· ·

CALORIE

Dîner

· ·
· ·
· ·
· ·

CALORIE

Activité / Fitness

· ·
· ·
· ·
· ·

DURÉE   CALORIE

Déjà saoul?

1 BOUTEILLE = 0,5L EAU (RECOMMANDÉ 1,5 - 2 L PAR JOUR)

Équilibre calorique

CALORIE TOTAL ....   DÉFICIT ☺

CALORIE CIBLE : ....   EXCÈS ☹

Notes du jour

Temps:

Mon sommeil:

DURÉE .... HEURES

SE RÉVEILLA .... FOIS

Poids:

.... KG

Échelle de satisfaction:

0   10   20   30   40   50   60   70   80   90   100

État de santé

État émotionnel:

NOTES . . . .

. . . .

. . . .

NOTES . . . .

. . . .

. . . .

Expériences positives Succès

Expériences négatives Pas en arrière

NOTES . . . .

. . . .

. . . .

. . . .

. . . .

NOTES . . . .

. . . .

. . . .

. . . .

. . . .

Notes, Learnings, Objectifs et Améliorations:

....

....

....

....

Jour de régime:

date
......./ ..../ ....

Petit déjeuner

. . . .
. . . .
. . . .
. . . .
CALORIE

Snacks

. . . .
. . . .
. . . .
. . . .
CALORIE

Déjeuner

. . . .
. . . .
. . . .
. . . .
CALORIE

Dîner

. . . .
. . . .
. . . .
. . . .
CALORIE

Activité / fitness

. . . .
. . . .
. . . .
. . . .
DURÉE   CALORIE

Déjà saoul?

1 BOUTEILLE = 0,5L EAU (RECOMMANDÉ 1,5 - 2 L PAR JOUR)

Équilibre calorique

CALORIE TOTAL ....   DÉFICIT ☺

CALORIE CIBLE : ....   EXCÈS ☹

Notes du jour

Temps:

Mon sommeil:

DURÉE .... HEURES

SE RÉVEILLA .... FOIS

Poids:

.... KG

Échelle de satisfaction:

0   10   20   30   40   50   60   70   80   90   100

État de santé

État émotionnel:

NOTES ·

· ·

· ·

NOTES ·

· ·

· ·

Expériences positives Succès

Expériences négatives Pas en arrière

NOTES ·

· ·

· ·

· ·

· ·

NOTES ·

· ·

· ·

· ·

· ·

Notes, Learnings, Objectifs et Améliorations:

....

....

....

....

Jour de régime: ......

date
....../ ..../ ....

Petit déjeuner

. . . .
. . . .
. . . .
. . . .
CALORIE

Snacks

. . . .
. . . .
. . . .
. . . .
CALORIE

Déjeuner

. . . .
. . . .
. . . .
. . . .
CALORIE

Dîner

. . . .
. . . .
. . . .
. . . .
CALORIE

Activité / Fitness

. . . .
. . . .
. . . .
. . . .
DURÉE   CALORIE

Déjà saoul?

1 BOUTEILLE = 0,5L EAU (RECOMMANDÉ 1,5 - 2 L PAR JOUR)

Équilibre calorique

CALORIE TOTAL ....   DÉFICIT ☺

CALORIE CIBLE : ....   EXCÈS ☹

Notes du jour

Temps:

Mon sommeil:

DURÉE .... HEURES

SE RÉVEILLA .... FOIS

Poids:

.... KG

Échelle de satisfaction:

0   10   20   30   40   50   60   70   80   90   100

État de santé

État émotionnel:

NOTES ....

....

....

Expériences positives
Succès

NOTES ....

....

....

....

....

Expériences négatives
Pas en arrière

NOTES ....

....

....

....

....

Notes, Learnings, Objectifs et Améliorations:

....

....

....

....

Jour de régime :

date
....../ ....../ ....

Petit déjeuner

. . . .

. . . .

. . . .

. . . .
CALORIE

Snacks

. . . .

. . . .

. . . .

. . . .
CALORIE

Déjeuner

. . . .

. . . .

. . . .

. . . .
CALORIE

Dîner

. . . .

. . . .

. . . .

. . . .
CALORIE

Activité / Fitness

. . . .

. . . .

. . . .

. . . .
DURÉE   CALORIE

Déjà saoul?

1 BOUTEILLE = 0,5L EAU (RECOMMANDÉ 1,5 - 2 L PAR JOUR)

Équilibre calorique

CALORIE TOTAL ....

CALORIE CIBLE : ....

DÉFICIT ☺

EXCÈS ☹

Notes du jour

Temps:

Mon sommeil:

DURÉE .... HEURES

SE RÉVEILLA .... FOIS

Poids:

.... KG

Échelle de satisfaction:

0   10   20   30   40   50   60   70   80   90   100

État de santé

État émotionnel:

NOTES ·

· ·

· ·

NOTES ·

· ·

· ·

Expériences positives Succès

Expériences négatives Pas en arrière

NOTES ·

· ·

· ·

· ·

· ·

NOTES ·

· ·

· ·

· ·

· ·

Notes, Learnings, Objectifs et Améliorations:

....

....

....

....

Jour de régime :

date
......./ ..../ ....

......

Petit déjeuner

. . . .

. . . .

. . . .

. . . .
CALORIE

Snacks

. . . .

. . . .

. . . .

. . . .
CALORIE

Déjeuner

. . . .

. . . .

. . . .

. . . .
CALORIE

Dîner

. . . .

. . . .

. . . .

. . . .
CALORIE

Activité / Fitness

. . . .

. . . .

. . . .

. . . .
DURÉE   CALORIE

Déjà saoul?

1 BOUTEILLE = 0,5L EAU (RECOMMANDÉ 1,5 - 2 L PAR JOUR)

Équilibre calorique

CALORIE TOTAL ....   DÉFICIT ☺

CALORIE CIBLE : ....   EXCÈS ☹

Notes du jour

Temps:

Mon sommeil:

DURÉE .... HEURES

SE RÉVEILLA .... FOIS

Poids:

.... KG

Échelle de satisfaction:

0 10 20 30 40 50 60 70 80 90 100

État de santé

État émotionnel:

NOTES ·

· ·

· ·

NOTES ·

· ·

· ·

Expériences positives
Succès

Expériences négatives
Pas en arrière

NOTES ·

· ·

· ·

· ·

· ·

NOTES ·

· ·

· ·

· ·

· ·

Notes, Learnings, Objectifs et Améliorations:

Jour de régime: ....

date
....../ ....../ ....

Petit déjeuner

....
....
....
....

CALORIE

Snacks

....
....
....
....

CALORIE

Déjeuner

....
....
....
....

CALORIE

Dîner

....
....
....
....

CALORIE

Activité / Fitness

....
....
....
....

DURÉE   CALORIE

Déjà saoul?

1 BOUTEILLE = 0,5L EAU (RECOMMANDÉ 1,5 - 2 L PAR JOUR)

Équilibre calorique

CALORIE TOTAL ....   DÉFICIT ☺

CALORIE CIBLE : ....   EXCÈS ☹

Notes du jour

Temps:

Mon sommeil:

DURÉE .... HEURES

SE RÉVEILLA .... FOIS

Poids:

.... KG

Échelle de satisfaction:

0 10 20 30 40 50 60 70 80 90 100

État de santé

État émotionnel:

NOTES

· ·

· ·

· ·

NOTES

· ·

· ·

· ·

Expériences positives
Succès

NOTES

· ·

· ·

· ·

· ·

· ·

Expériences négatives
Pas en arrière

NOTES

· ·

· ·

· ·

· ·

· ·

Notes, Learnings, Objectifs et Améliorations:

· ·

· ·

· ·

· ·

Jour de régime:

date
......../ ..../ ....

Petit déjeuner

. . . .
. . . .
. . . .
. . . .
CALORIE

Snacks

. . . .
. . . .
. . . .
. . . .
CALORIE

Déjeuner

. . . .
. . . .
. . . .
. . . .
CALORIE

Dîner

. . . .
. . . .
. . . .
. . . .
CALORIE

Activité / Fitness

. . . .
. . . .
. . . .
. . . .
DURÉE   CALORIE

Déjà saoul?

1 BOUTEILLE = 0,5L EAU (RECOMMANDÉ 1,5 - 2 L PAR JOUR)

Équilibre calorique

CALORIE TOTAL ....   DÉFICIT ☺

CALORIE CIBLE : ....   EXCÈS ☹

Notes du jour

Temps:

○   ○   ○   ○   ○

Mon sommeil:

DURÉE .... HEURES

SE RÉVEILLA .... FOIS

Poids:

.... KG

Échelle de satisfaction:

0   10   20   30   40   50   60   70   80   90   100

État de santé

○   ○   ○   ○

État émotionnel:

○   ○   ○   ○

NOTES •

• •

• •

NOTES •

• •

• •

Expériences positives Succès

NOTES •

• •

• •

• •

• •

Expériences négatives Pas en arrière

NOTES •

• •

• •

• •

• •

Notes, Learnings, Objectifs et Améliorations:

....

....

....

....

Jour de régime:

date
....../ ....../ ....

Petit déjeuner

· ·

· ·

· ·

· CALORIE

Snacks

· ·

· ·

· ·

· CALORIE

Déjeuner

· ·

· ·

· ·

· CALORIE

Dîner

· ·

· ·

· ·

· CALORIE

Activité / Fitness

· ·

· ·

· ·

· ·

DURÉE   CALORIE

Déjà saoul?

1 BOUTEILLE = 0,5L EAU (RECOMMANDÉ 1,5 - 2 L PAR JOUR)

Équilibre calorique

CALORIE TOTAL ....   DÉFICIT ☺

CALORIE CIBLE : ....   EXCÈS ☹

Notes du jour

Temps:

○   ○   ○   ○   ○

Mon sommeil:

DURÉE .... HEURES

SE RÉVEILLA .... FOIS

Poids:

.... KG

Échelle de satisfaction:

0   10   20   30   40   50   60   70   80   90   100

État de santé

○   ○   ○   ○

État émotionnel:

○   ○   ○   ○

NOTES ....

....

....

NOTES ....

....

....

Expériences positives Succès

Expériences négatives Pas en arrière

NOTES ....

....

....

....

....

NOTES ....

....

....

....

....

Notes, Learnings, Objectifs et Améliorations:

....

....

....

....

Jour de régime: (……..)

date

…../ …..../ …..........

Petit déjeuner

· ·

· ·

· ·

· CALORIE

Snacks

· ·

· ·

· ·

· CALORIE

Déjeuner

· ·

· ·

· ·

· CALORIE

Dîner

· ·

· ·

· ·

· CALORIE

Activité / Fitness

· ·

· ·

· ·

· ·

DURÉE   CALORIE

Déjà saoul?

1 BOUTEILLE = 0,5L EAU (RECOMMANDÉ 1,5 - 2 L PAR JOUR)

Équilibre calorique

CALORIE TOTAL …………….   DÉFICIT ☺

CALORIE CIBLE : …………….   EXCÈS ☹

Notes du jour

Temps:

Mon sommeil:

DURÉE .... HEURES

SE RÉVEILLA .... FOIS

Poids:

.... KG

Échelle de satisfaction:

0 10 20 30 40 50 60 70 80 90 100

État de santé

État émotionnel:

NOTES ·

· ·

· ·

NOTES ·

· ·

· ·

Expériences positives
Succès

Expériences négatives
Pas en arrière

NOTES ·

· ·

· ·

· ·

· ·

NOTES ·

· ·

· ·

· ·

· ·

Notes, Learnings, Objectifs et Améliorations:

....

....

....

....

Jour de régime:

....
date
......../ ..../ ....

Petit déjeuner

· · · · · · · · · · · · · · · · · · ·
· · · · · · · · · · · · · · · · · ·
· · · · · · · · · · · · · · · · · ·
· · · · · · · · · · · · · · · · · ·
CALORIE

Snacks

· · · · · · · · · · · · · · · · · · ·
· · · · · · · · · · · · · · · · · ·
· · · · · · · · · · · · · · · · · ·
· · · · · · · · · · · · · · · · · ·
CALORIE

Déjeuner

· · · · · · · · · · · · · · · · · · ·
· · · · · · · · · · · · · · · · · ·
· · · · · · · · · · · · · · · · · ·
· · · · · · · · · · · · · · · · · ·
CALORIE

Dîner

· · · · · · · · · · · · · · · · · · ·
· · · · · · · · · · · · · · · · · ·
· · · · · · · · · · · · · · · · · ·
· · · · · · · · · · · · · · · · · ·
CALORIE

Activité / Fitness

· · · · · · · · · · · · · · · · · · ·   ·
· · · · · · · · · · · · · · · · · · ·   ·
· · · · · · · · · · · · · · · · · · ·   ·
· · · · · · · · · · · · · · · · · · ·   ·
DURÉE   CALORIE

Déjà saoul?

1 BOUTEILLE = 0,5L EAU (RECOMMANDÉ 1,5 - 2 L PAR JOUR)

Équilibre calorique

CALORIE TOTAL ....

CALORIE CIBLE : ....

DÉFICIT ☺

EXCÈS ☹

Notes du jour

Temps:

Mon sommeil:

DURÉE .... HEURES

SE RÉVEILLA .... FOIS

Poids:

.... KG

Échelle de satisfaction:

0   10   20   30   40   50   60   70   80   90   100

État de santé

État émotionnel:

NOTES ....

....

....

NOTES ....

....

....

Expériences positives
Succès

NOTES ....

....

....

....

....

Expériences négatives
Pas en arrière

NOTES ....

....

....

....

....

Notes, Learnings, Objectifs et Améliorations:

....

....

....

....

Jour de régime:

date
......./ ..../ ....

Petit déjeuner

· ·
· ·
· ·
· ·
CALORIE

Snacks

· ·
· ·
· ·
· ·
CALORIE

Déjeuner

· ·
· ·
· ·
· ·
CALORIE

Dîner

· ·
· ·
· ·
· ·
CALORIE

Activité / Fitness

· ·
· ·
· ·
· ·
DURÉE   CALORIE

Déjà saoul?

1 BOUTEILLE = 0,5L EAU (RECOMMANDÉ 1,5 - 2 L PAR JOUR)

Équilibre calorique

CALORIE TOTAL ....   DÉFICIT :)

CALORIE CIBLE : ....   EXCÈS :(

Notes du jour

Temps:

○   ○   ○   ○   ○

Mon sommeil:

DURÉE .... HEURES

SE RÉVEILLA .... FOIS

Poids:

.... KG

Échelle de satisfaction:

0   10   20   30   40   50   60   70   80   90   100

État de santé

☺   ☺   😐   ☹
○   ○   ○   ○

État émotionnel:

☺   ☺   😐   ☹
○   ○   ○   ○

NOTES . . . .

. . . .

. . . .

NOTES . . . .

. . . .

. . . .

Expériences positives
Succès

NOTES . . . .

. . . .

. . . .

. . . .

. . . .

Expériences négatives
Pas en arrière

NOTES . . . .

. . . .

. . . .

. . . .

. . . .

Notes, Learnings, Objectifs et Améliorations:

....

....

....

....

Jour de régime:

date
....../ ..../ ....

Petit déjeuner

· ....
· ·
· ·
· ·
CALORIE

Snacks

· ....
· ·
· ·
· ·
CALORIE

Déjeuner

· ·
· ·
· ....
· ·
CALORIE

Dîner

· ·
· ·
· ·
· ·
CALORIE

Activité / Fitness

· ....
· ·
· ·
· ·
DURÉE   CALORIE

Déjà saoul?

1 BOUTEILLE = 0,5L EAU (RECOMMANDÉ 1,5 - 2 L PAR JOUR)

Équilibre calorique

CALORIE TOTAL ....   DÉFICIT ☺

CALORIE CIBLE : ....   EXCÈS ☹

Notes du jour

Temps:

Mon sommeil:

DURÉE .... HEURES

SE RÉVEILLA .... FOIS

Poids:

.... KG

Échelle de satisfaction:

0   10   20   30   40   50   60   70   80   90   100

État de santé

État émotionnel:

NOTES . . . .

. . . .

. . . .

NOTES . . . .

. . . .

. . . .

Expériences positives
Succès

Expériences négatives
Pas en arrière

NOTES . . . .

. . . .

. . . .

. . . .

. . . .

NOTES . . . .

. . . .

. . . .

. . . .

. . . .

Notes, Learnings, Objectifs et Améliorations:

. . . .

. . . .

. . . .

. . . .

Jour de régime:

date
....../ ..../ ....

Petit déjeuner

. . . .
. . . .
. . . .
. . . .
CALORIE

Snacks

. . . .
. . . .
. . . .
. . . .
CALORIE

Déjeuner

. . . .
. . . .
. . . .
. . . .
CALORIE

Dîner

. . . .
. . . .
. . . .
. . . .
CALORIE

Activité / Fitness

. . . .
. . . .
. . . .
. . . .
DURÉE   CALORIE

Déjà saoul?

1 BOUTEILLE = 0,5L EAU (RECOMMANDÉ 1,5 - 2 L PAR JOUR)

Équilibre calorique

CALORIE TOTAL ....   DÉFICIT ☺

CALORIE CIBLE : ....   EXCÈS ☹

Notes du jour

Temps:

Mon sommeil:

DURÉE .... HEURES

SE RÉVEILLA .... FOIS

Poids:

.... KG

Échelle de satisfaction:

0   10   20   30   40   50   60   70   80   90   100

État de santé

État émotionnel:

NOTES . . . .

. . . .

. . . .

NOTES . . . .

. . . .

. . . .

Expériences positives Succès

NOTES . . . .

. . . .

. . . .

. . . .

. . . .

Expériences négatives Pas en arrière

NOTES . . . .

. . . .

. . . .

. . . .

. . . .

Notes, Learnings, Objectifs et Améliorations:

....

....

....

....

Jour de régime:

date
......./ ..../ ....

Petit déjeuner

· ·

· ·

· ·

· ·
CALORIE

Snacks

· ·

· ·

· ·

· ·
CALORIE

Déjeuner

· ·

· ·

· ·

· ·
CALORIE

Dîner

· ·

· ·

· ·

· ·
CALORIE

Activité / Fitness

· ·

· ·

· ·

· ·

DURÉE · · · · · · · · CALORIE

Déjà saoul?

1 BOUTEILLE = 0,5L EAU (RECOMMANDÉ 1,5 - 2 L PAR JOUR)

Équilibre calorique

CALORIE TOTAL ....

CALORIE CIBLE : ....

DÉFICIT

EXCÈS

Notes du jour

Temps:

Mon sommeil:

DURÉE .... HEURES

SE RÉVEILLA .... FOIS

Poids:

.... KG

Échelle de satisfaction:

0   10   20   30   40   50   60   70   80   90   100

État de santé

État émotionnel:

NOTES . . . .

. . . .

. . . .

NOTES . . . .

. . . .

. . . .

Expériences positives Succès

Expériences négatives Pas en arrière

NOTES . . . .

. . . .

. . . .

. . . .

. . . .

NOTES . . . .

. . . .

. . . .

. . . .

. . . .

Notes, Learnings, Objectifs et Améliorations:

. . . .

. . . .

. . . .

. . . .

Jour de régime:

date

....../ ....../ ....

Petit déjeuner

· ·

· ·

· ·

· ·
CALORIE

Snacks

· ·

· ·

· ·

· ·
CALORIE

Déjeuner

· ·

· ·

· ·

· ·
CALORIE

Dîner

· ·

· ·

· ·

· ·
CALORIE

Activité / Fitness

· ·

· ·

· ·

· ·
DURÉE · · · · · · · · CALORIE

Déjà saoul?

I BOUTEILLE = 0,5L EAU (RECOMMANDÉ 1,5 - 2 L PAR JOUR)

Équilibre calorique

CALORIE TOTAL ....

CALORIE CIBLE : ....

DÉFICIT :)

EXCÈS :(

Notes du jour

Temps:

Mon sommeil:

DURÉE .... HEURES

SE RÉVEILLA .... FOIS

Poids:

.... KG

Échelle de satisfaction:

0 10 20 30 40 50 60 70 80 90 100

État de santé

État émotionnel:

NOTES ....

....

....

NOTES ....

....

....

Expériences positives
Succès

NOTES ....

....

....

....

....

Expériences négatives
Pas en arrière

NOTES ....

....

....

....

....

Notes, Learnings, Objectifs et Améliorations:

....

....

....

....

Jour de régime:

date
......../ ..../ ....

Petit déjeuner

· ·
· ·
· ·
· ·
CALORIE

Snacks

· ·
· ·
· ·
· ·
CALORIE

Déjeuner

· ·
· ·
· ·
· ·
CALORIE

Dîner

· ·
· ·
· ·
· ·
CALORIE

Activité / Fitness

· ·
· ·
· ·
· ·
DURÉE   CALORIE

Déjà saoul?

1 BOUTEILLE = 0,5L EAU (RECOMMANDÉ 1,5 - 2 L PAR JOUR)

Équilibre calorique

CALORIE TOTAL ....   DÉFICIT ☺

CALORIE CIBLE : ....   EXCÈS ☹

Notes du jour

Temps:

Mon sommeil:

DURÉE .... HEURES

SE RÉVEILLA .... FOIS

Poids:

.... KG

Échelle de satisfaction:

0   10   20   30   40   50   60   70   80   90   100

État de santé

État émotionnel:

NOTES ....

....

....

NOTES ....

....

....

Expériences positives
Succès

NOTES ....

....

....

....

....

Expériences négatives
Pas en arrière

NOTES ....

....

....

....

....

Notes, Learnings, Objectifs et Améliorations:

....

....

....

....

Jour de régime : (.........)

date
......./ ..../ ....

Petit déjeuner

· ·
· ·
· ·
· ·
CALORIE

Snacks

· ·
· ·
· ·
· ·
CALORIE

Déjeuner

· ·
· ·
· ·
· ·
CALORIE

Dîner

· ·
· ·
· ·
· ·
CALORIE

Activité / Fitness

· ·
· ·
· ·
· ·
DURÉE   CALORIE

Déjà soûl?

1 BOUTEILLE = 0,5L EAU (RECOMMANDÉ 1,5 - 2 L PAR JOUR)

Équilibre calorique

CALORIE TOTAL ....   DÉFICIT ☺

CALORIE CIBLE : ....   EXCÈS ☹

Notes du jour

Temps:

○   ○   ○   ○   ○

Mon sommeil:

DURÉE .... HEURES

SE RÉVEILLA .... FOIS

Poids:

.... KG

Échelle de satisfaction:

0   10   20   30   40   50   60   70   80   90   100

État de santé

○   ○   ○   ○

État émotionnel:

○   ○   ○   ○

NOTES . . . .

. . . .

. . . .

NOTES . . . .

. . . .

. . . .

Expériences positives Succès

NOTES . . . .

. . . .

. . . .

. . . .

. . . .

Expériences négatives Pas en arrière

NOTES . . . .

. . . .

. . . .

. . . .

. . . .

Notes, Learnings, Objectifs et Améliorations:

. . . .

. . . .

. . . .

. . . .

Jour de régime:

date
......./ ..../ ....

Petit déjeuner

. . . .
. . . .
. . . .
. . . .
CALORIE

Snacks

. . . .
. . . .
. . . .
. . . .
CALORIE

Déjeuner

. . . .
. . . .
. . . .
. . . .
CALORIE

Dîner

. . . .
. . . .
. . . .
. . . .
CALORIE

Activité / Fitness

. . . .
. . . .
. . . .
. . . .
DURÉE   CALORIE

Déjà saoul?

1 BOUTEILLE = 0,5L EAU (RECOMMANDÉ 1,5 - 2 L PAR JOUR)

Équilibre calorique

CALORIE TOTAL ....   DÉFICIT ☺

CALORIE CIBLE : ....   EXCÈS ☹

Notes du jour

Temps:

Mon sommeil:
DURÉE .... HEURES
SE RÉVEILLA .... FOIS

Poids:
.... KG

Échelle de satisfaction:
0   10   20   30   40   50   60   70   80   90   100

État de santé

État émotionnel:

NOTES ....

....

....

NOTES ....

....

....

Expériences positives
Succès

Expériences négatives
Pas en arrière

NOTES ....

....

....

....

....

NOTES ....

....

....

....

....

Notes, Learnings, Objectifs et Améliorations:

....

....

....

....

Jour de régime:

date
......./ ..../ ....

Petit déjeuner

. . . .

. . . .

. . . .

. . . .
CALORIE

Snacks

. . . .

. . . .

. . . .

. . . .
CALORIE

Déjeuner

. . . .

. . . .

. . . .

. . . .
CALORIE

Dîner

. . . .

. . . .

. . . .

. . . .
CALORIE

Activité / fitness

. . . .

. . . .

. . . .

. . . .
DURÉE   CALORIE

Déjà saoul?

1 BOUTEILLE = 0,5L EAU (RECOMMANDÉ 1,5 - 2 L PAR JOUR)

Équilibre calorique

CALORIE TOTAL ....

CALORIE CIBLE : ....

DÉFICIT ☺

EXCÈS ☹

Notes du jour

Temps:

Mon sommeil:

DURÉE .... HEURES

SE RÉVEILLA .... FOIS

Poids:

.... KG

Échelle de satisfaction:

0   10   20   30   40   50   60   70   80   90   100

État de santé

État émotionnel:

NOTES ....

....

....

NOTES ....

....

....

Expériences positives Succès

Expériences négatives Pas en arrière

NOTES ....

....

....

....

....

NOTES ....

....

....

....

....

Notes, Learnings, Objectifs et Améliorations:

....

....

....

....

Jour de régime:

date
......./ ..../ ....

Petit déjeuner

· ·
· ·
· ·
· CALORIE

Snacks

· ·
· ·
· ·
· CALORIE

Déjeuner

· ·
· ·
· ·
· CALORIE

Dîner

· ·
· ·
· ·
· CALORIE

Activité / Fitness

· ·
· ·
· ·
· ·
DURÉE   CALORIE

Déjà saoul?

1 BOUTEILLE = 0,5L EAU (RECOMMANDÉ 1,5 - 2 L PAR JOUR)

Équilibre calorique

CALORIE TOTAL ....   DÉFICIT ☺

CALORIE CIBLE : ....   EXCÈS ☹

Notes du jour

Temps:

○   ○   ○   ○   ○

Mon sommeil:

DURÉE .... HEURES

SE RÉVEILLA .... FOIS

Poids:

.... KG

Échelle de satisfaction:

0   10   20   30   40   50   60   70   80   90   100

État de santé

○   ○   ○   ○

État émotionnel:

○   ○   ○   ○

NOTES . . . .

. . . .

. . . .

NOTES . . . .

. . . .

. . . .

Expériences positives Succès

Expériences négatives Pas en arrière

NOTES . . . .

. . . .

. . . .

. . . .

. . . .

NOTES . . . .

. . . .

. . . .

. . . .

. . . .

Notes, Learnings, Objectifs et Améliorations:

. . . .

. . . .

. . . .

. . . .

Jour de régime:

date
......./ ..../ ....

Petit déjeuner

· ·
· ·
· ·
· ·
CALORIE

Snacks

· ·
· ·
· ·
· ·
CALORIE

Déjeuner

· ·
· ·
· ·
· ·
CALORIE

Dîner

· ·
· ·
· ·
· ·
CALORIE

Activité / Fitness

·   · · · · · · · · · · ·
·   · · · · · · · · · · ·
·   · · · · · · · · · · ·
·   · · · · · · · · · · ·
DURÉE   CALORIE

Déjà saoul?

1 BOUTEILLE = 0,5L EAU (RECOMMANDÉ 1,5 - 2 L PAR JOUR)

Équilibre calorique

CALORIE TOTAL ....   DÉFICIT 😊

CALORIE CIBLE : ....   EXCÈS 🙁

Notes du jour

Temps:

Mon sommeil:

DURÉE .... HEURES

SE RÉVEILLA .... FOIS

Poids:

.... KG

Échelle de satisfaction:

0   10   20   30   40   50   60   70   80   90   100

État de santé

État émotionnel:

NOTES ....

....

....

NOTES ....

....

....

Expériences positives
Succès

NOTES ....

....

....

....

....

Expériences négatives
Pas en arrière

NOTES ....

....

....

....

....

Notes, Learnings, Objectifs et Améliorations:

....

....

....

....

Jour de régime: ⬤
date
....../ ..../ ....

Petit déjeuner
· ·
· ·
· ·
· ·
CALORIE

Snacks
· ·
· ·
· ·
· ·
CALORIE

Déjeuner
· ·
· ·
· ·
· ·
CALORIE

Dîner
· ·
· ·
· ·
· ·
CALORIE

Activité / fitness
· ·
· ·
· ·
· ·
DURÉE   CALORIE

Déjà saoul?
1 BOUTEILLE = 0,5L EAU (RECOMMANDÉ 1,5 - 2 L PAR JOUR)

Équilibre calorique
CALORIE TOTAL ....   DÉFICIT ☺

CALORIE CIBLE : ....   EXCÈS ☹

Notes du jour

Temps:

Mon sommeil:

DURÉE .... HEURES

SE RÉVEILLA .... FOIS

Poids:

.... KG

Échelle de satisfaction:

0 10 20 30 40 50 60 70 80 90 100

État de santé

État émotionnel:

NOTES ....

....

....

Expériences positives Succès

NOTES ....

....

....

....

....

NOTES ....

....

....

Expériences négatives Pas en arrière

NOTES ....

....

....

....

....

Notes, Learnings, Objectifs et Améliorations:

....

....

....

....

Jour de régime:

date
....../ ..../ ....

Petit déjeuner

· ·

· ·

· ·

· CALORIE

Snacks

· ·

· ·

· ·

· CALORIE

Déjeuner

· ·

· ·

· ·

· CALORIE

Dîner

· ·

· ·

· ·

· CALORIE

Activité / Fitness

· ·

· ·

· ·

· ·

DURÉE   CALORIE

Déjà saoul?

1 BOUTEILLE = 0,5L EAU (RECOMMANDÉ 1,5 - 2 L PAR JOUR)

Équilibre calorique

CALORIE TOTAL ....   DÉFICIT ☺

CALORIE CIBLE : ....   EXCÈS ☹

Notes du jour

Temps:

○　　○　　○　　○　　○

Mon sommeil:

DURÉE .... HEURES

SE RÉVEILLA .... FOIS

Poids:

.... KG

Échelle de satisfaction:

0　10　20　30　40　50　60　70　80　90　100

État de santé

○　　○　　○　　○

État émotionnel:

○　　○　　○　　○

NOTES . . . .

. . . .

. . . .

NOTES . . . .

. . . .

. . . .

Expériences positives Succès

NOTES . . . .

. . . .

. . . .

. . . .

. . . .

Expériences négatives Pas en arrière

NOTES . . . .

. . . .

. . . .

. . . .

. . . .

Notes, Learnings, Objectifs et Améliorations:

. . . .

. . . .

. . . .

. . . .

Jour de régime:

date
....../ ..../ ....

Petit déjeuner

. . . .

. . . .

. . . .

. . . .
CALORIE

Snacks

. . . .

. . . .

. . . .

. . . .
CALORIE

Déjeuner

. . . .

. . . .

. . . .

. . . .
CALORIE

Dîner

. . . .

. . . .

. . . .

. . . .
CALORIE

Activité / Fitness

. . . .

. . . .

. . . .

. . . .
DURÉE   CALORIE

Déjà saoul?

1 BOUTEILLE = 0,5L EAU (RECOMMANDÉ 1,5 - 2 L PAR JOUR)

Équilibre calorique

CALORIE TOTAL ....   DÉFICIT :)

CALORIE CIBLE : ....   EXCÈS :(

Notes du jour

Temps:

Mon sommeil:
DURÉE .... HEURES
SE RÉVEILLA .... FOIS

Poids:
.... KG

Échelle de satisfaction:
0   10   20   30   40   50   60   70   80   90   100

État de santé

État émotionnel:

NOTES . . . .

. . . .

. . . .

NOTES . . . .

. . . .

. . . .

Expériences positives Succès

Expériences négatives Pas en arrière

NOTES . . . .

. . . .

. . . .

. . . .

. . . .

NOTES . . . .

. . . .

. . . .

. . . .

. . . .

Notes, Learnings, Objectifs et Améliorations:

....

....

....

....

Jour de régime :

date
......./......./............

Petit déjeuner

· ·

· ·

· ·

· ·
CALORIE

Snacks

· ·

· ·

· ·

· ·
CALORIE

Déjeuner

· ·

· ·

· ·

· ·
CALORIE

Dîner

· ·

· ·

· ·

· ·
CALORIE

Activité / Fitness

· ·

· ·

· ·

· ·
DURÉE   CALORIE

Déjà saoul?

1 BOUTEILLE = 0,5L EAU (RECOMMANDÉ 1,5 - 2 L PAR JOUR)

Équilibre calorique

CALORIE TOTAL ....

CALORIE CIBLE : ....

DÉFICIT ☺

EXCÈS ☹

Notes du jour

Temps:

Mon sommeil:

DURÉE ....HEURES

SE RÉVEILLA ....FOIS

Poids:

.... KG

Échelle de satisfaction:

0 10 20 30 40 50 60 70 80 90 100

État de santé

État émotionnel:

NOTES . . . .

. . . .

. . . .

NOTES . . . .

. . . .

. . . .

Expériences positives Succès

Expériences négatives Pas en arrière

NOTES . . . .

. . . .

. . . .

. . . .

. . . .

NOTES . . . .

. . . .

. . . .

. . . .

. . . .

Notes, Learnings, Objectifs et Améliorations:

. . . .

. . . .

. . . .

. . . .

Avant

Après

Résultat final

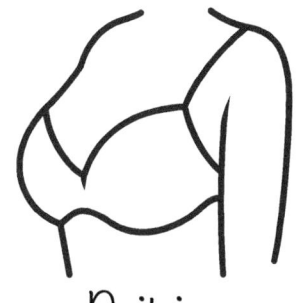

Poitrine

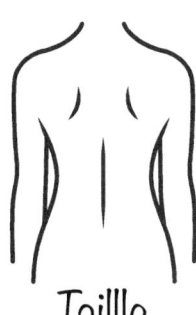

Taillle

....

Ventre

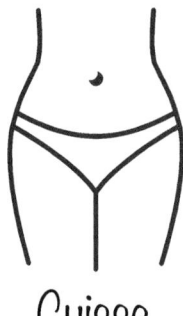

Cuisse

....

BMI

Poids

Körperfettanteil

....

IMPRESSUM

Feedback:

feedback@mertens-publication.de

Édition : BoD – Books on Demand,
12/14 rond-point des Champs-Élysées, 75008 Paris.
Impression : BoD - Books on Demand, Norderstedt, Allemagne

ISBN: 978-2-3221-0238-9

1. Auflage

2018 Mertens Verlagsgruppe

Mertens Ventures Ltd.
Tefkrou Anthia No 2
Office 301
6045 Larnaca
Zypern

Icons by Freepik at www.flaticons.com
E-Mail: kontakt@mertens-publication.de